PRIMARIA

3

LENGUA CASTELLANA

Cuaderno de actividades

Santillana

El cuaderno de Lengua de 3.º de Educación Primaria, trimestre 3, es una obra colectiva concebida, diseñada y creada por el Departamento de Ediciones Educativas de Santillana, S.A., bajo la dirección de JAIME MASCARÓ FLORIT.

En su realización han intervenido:

Texto: Asunción Honrado y Gloria Roldán.

Ilustraciones: Pablo Hidalgo y Juan Carlos Carmona.

Fotografías: A. López Oses; CONTIFOTO/UPPA; CONTIFOTO/VANDYSTADT/Frederic Chehu; Diego López Balabasquer; E. Cánovas; EFE; EUROPA PRESS; GARCÍA-PELAYO/Algar, Juancho; Ignacio Sabater; Juan Carlos Muñoz; KEYSTONE NEMES; Maite Moreno; ORONOZ; Paco Anca; Pedro López; RENFE/Man; Roberto Quintero; Archivo Santillana.

Equipo técnico:

- *Diseño: Javier Tejeda.*
- *Documentación y selección de fotografías: Maryse Pinet y Marilé Rodrigálvarez.*
- *Composición: Ángeles Bárzano y Begoña Pascual.*
- *Confección y montaje: Luis González.*
- *Corrección: M.ª José Rodríguez.*
- *Coordinación artística: Pedro García.*
- *Coordinación técnica: Vicente García.*

Dirección artística: Juan José Vázquez.

Dirección técnica: Francisco Romero.

Editora: ***Gloria Roldán.***

Cubierta: *Juan José Vázquez y Javier Tejeda.*

Torrelaguna, 60 - 28043 Madrid
PRINTED IN SPAIN
Impreso en España por
Gráfica Internacional
San Dalmacio, 25. 28021 Madrid

ISBN: 84-294-4987-6
Depósito Legal: M-3.341-2000

ÍNDICE

Cuaderno 1

I. Los alimentos y la nutrición

II. La tierra y el agua

Cuaderno 2

6 **La casa del abecedario:** k/l.
El secreto de las palabras: calor/caliente...
Ortografía: La **y** vocal. Palabras agudas, llanas y esdrújulas.
Composición: Explicaciones. Enumeraciones.
Juegos y rótulos.
Tablón de anuncios.

III. Animales y plantas

7 **La casa del abecedario:** m/n.
El secreto de las palabras: al/del.
Ortografía: El punto.
Composición: Sucesos. Instrucciones.
Juegos y rótulos.
Tablón de anuncios.

8 **La casa del abecedario:** ñ/o.
El secreto de las palabras: poner/quitar...
Ortografía: Signos de interrogación.
Composición: Instrucciones. Secuencia.
Juegos y rótulos.
Tablón de anuncios.

9 **La casa del abecedario:** p/q.
El secreto de las palabras: papel/papelería...
Ortografía: Signos de exclamación.
Composición: Historia personal. Interpretación de señales.
Juegos y rótulos.
Tablón de anuncios.

IV. El paisaje

10 **La casa del abecedario:** r/s.
El secreto de las palabras: segar/segadora...
Ortografía: La **m** antes de **p** o **b**.
Composición: Predicciones. Enumeraciones.
Juegos y rótulos.
Tablón de anuncios.
EVALUACIÓN

Cuaderno 3

11 **La casa del abecedario:** t/u.
El secreto de las palabras: flauta/flautista...
Ortografía: Palabras con **br** y **bl**.
Composición: Predicciones. Secuencia.
Juegos y rótulos.
Tablón de anuncios.

12 **La casa del abecedario:** v/x.
El secreto de las palabras: vela, mástil...
Ortografía: **güe** y **güi**.
Composición: Descripción. Instrucción.
Juegos y rótulos.
Tablón de anuncios.

V. Historia de los alimentos

13 **La casa del abecedario:** y/z.
El secreto de las palabras: gordo/delgado...
Ortografía: La coma.
Composición: Acontecimientos. Argumentación.
Juegos y rótulos.
Tablón de anuncios.

14 **La casa del abecedario:** Repaso de la **a** a la **l**.
El secreto de las palabras: agua, acuarela...
Ortografía: Los dos puntos.
Composición: Acontecimientos. Argumentación.
Juegos y rótulos.
Tablón de anuncios.

15 **La casa del abecedario:** Repaso de la **m** a la **z**.
El secreto de las palabras: ordenador, computador...
Ortografía: La raya.
Composición: Acontecimientos. Argumentación.
Juegos y rótulos.
Tablón de anuncios.
EVALUACIÓN

11

La casa del abecedario

Lee y escribe sus nombres.

t T

transatlántico

tren

turrón

u U

umbral

uralita

uva

¿Qué es?

Lee con atención y une.

transatlántico	escalón de una puerta	medio de transporte	umbral
tren	fruto de la vid	material de construcción	uralita
turrón	producto alimenticio		uva

Completa.

- Un tren y un ______ son medios de ______.
- La uva es ______ y el turrón es ______.
- Al escalón de una puerta se le llama ______.

Repasa.

Teruel es una capital aragonesa y Úbeda una ciudad andaluza.

Dibuja dos productos alimenticios.

______ ______

El secreto de las palabras

R epasa y completa.

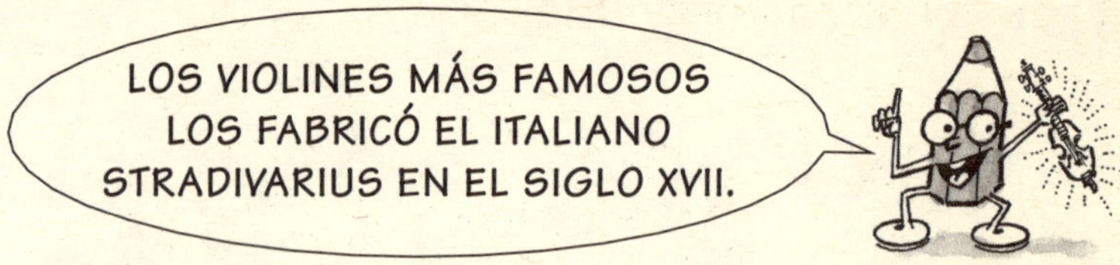

guitarra → guitarrista

violín → ____________

____________ → ____________

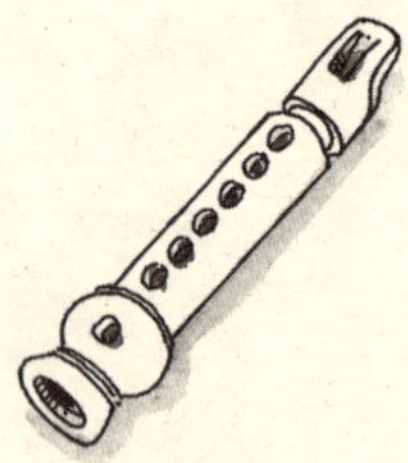 

____________ → ____________

E scribe y relaciona.

periódico → periodista

taxi → ____________

teléfono → ____________

¿Qué tocan?

Observa y completa.

Vicente Úrsula Inés Tomás

- Tomás toca la ______. Es el flautista.
- Úrsula toca el ______. Es la ______.
- Inés toca la ______. Es la guitarrista.
- ______.

¿Qué tocan ahora?

- Tomás toca el ______. Es el ______.
- Úrsula toca la ______. Es la flautista.
- ______ toca el ______. Es ______.
- Vicente ______.

¡Vaya loro!

Lee y completa.

Pablo es tan tímido que
no juega con otros niños.
Ha pensado un plan para hacer amigos.

1. Primero, Pablo irá a una pajarería y comprará ______

2. Después, Pablo enseñará a su loro a decir: ______

3. Al final, Pablo y su loro irán a jugar. El loro hablará y los niños contestarán: ______

¿Tú qué le enseñarías a decir a un loro?

______

Une y escribe.

som	blo	→	
ta	bla	→	
li	ble	→	
pue	bro	→	
ca	bra	→	sombra
tim	bre	→	

Completa.

____ illante   ____ usa   bi ____ ioteca

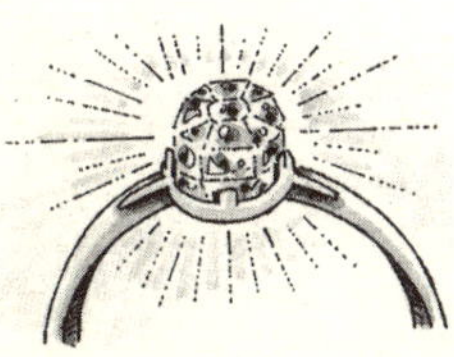

Copia.

- El papá dobla las blusas.

____

- El niño lee un libro en la biblioteca.

____

- La bruja se ha tragado un brillante.

____

Luna lunera

Lee, repasa y completa.

Nuria quería pintar un paisaje
con la Luna, el mar y el oleaje.

1

- Un día la Luna estaba creciendo. Nuria dibujó la Luna como un cuerno.

2

- A la semana siguiente la Luna estaba llena. Nuria dibujó la como una naranja.

3

- Una semana después, la Luna estaba menguando. Nuria dibujó la como un plátano.

¿Cómo dibujó Nuria la Luna? Completa.

creciente

llena

menguante

Primero, Luna creciente.

C ompleta.

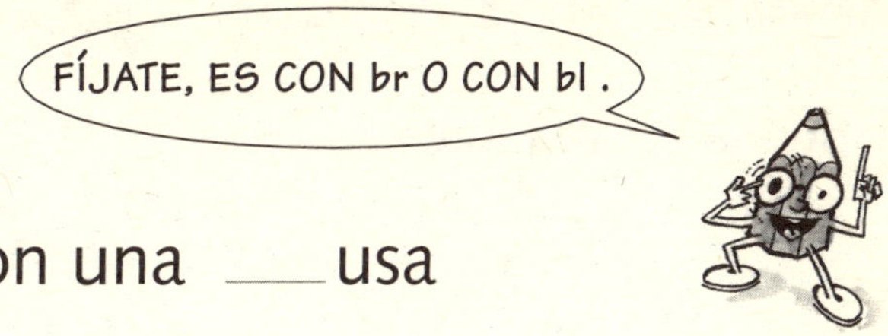

Isabel

Ayer Isabel salió a la calle con una ___usa y sin a___igo.

Hoy está enferma y la fie___e le a___asa la frente.

Cuando ha___a, dice que le duele hasta el om___igo.

La doctora le ha recetado unas ta___etas.

Piensa y escribe palabras.

con *br* ____________________

con *bl* ____________________

E scribe nombres de meses que tengan *br*.

______ abril ______

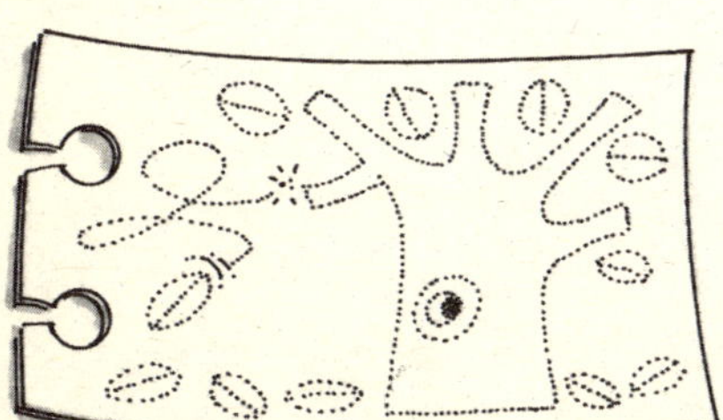

______ ______ diciembre

Adivina los nombres.

Adivinanza

1 SU_____ 2 _____NA 3 F_____

1 No está enferma → Está _____

1 Nombre de letra → La _____

3 La mujer del loro → La _____

Ahora completa estas rimas.

Rimas

Elena come carne en la _____

¡Parece una _____!

Susana es _____

¡Parece una _____!

Flora todo lo _____

¡Parece una _____!

Mi tablón de anuncios

Dibujo a un inventor de juguetes.

Dibujo a Geppetto fabricando a Pinocho.

Escribo cuáles son mis cuentos favoritos.

Me invento nombres para mis amigos.

TULUFUSU

Mis Rótulos

Repasa y colorea.

La casa del abecedario

Lee y escribe sus nombres.

V

velero
videocámara
violinista

V

X xilófono

X

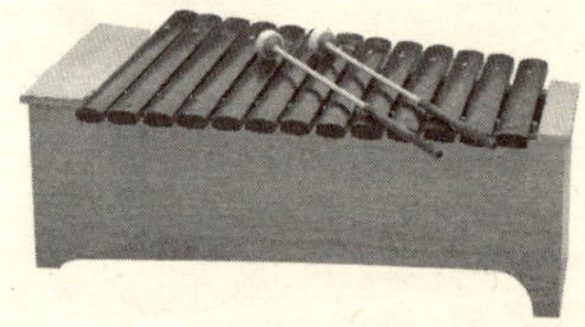

¿Qué es?

Lee con atención y une.

velero	persona que toca el violín	bocina de un coche	xilófono
videocámara	barco de vela	instrumento musical	claxon
violinista	aparato		extintor

Completa.

- Un velero es ______________.
- Un ______________ es una persona ______________ ______________.
- Una videocámara y un ______________ son ______________.
- El x______________.

Escribe nombres de barcos.

____

Escribe lo que dice.

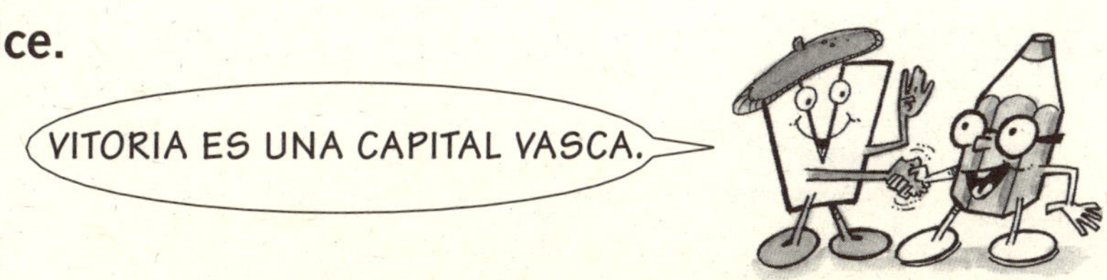

____

El secreto de las palabras

O bserva y copia.

Velero

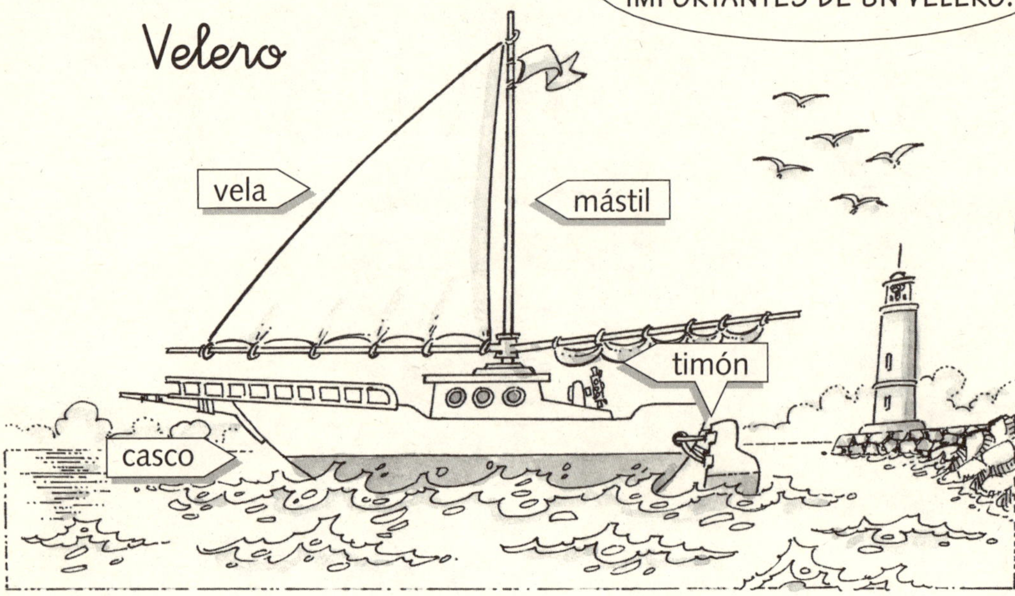

- El mástil sirve para izar la vela.

  ______________________________.

- La vela sirve para que el viento mueva el velero.

  ______________________________.

- El timón sirve para dirigir el velero.

  ______________________________.

O bserva, repasa y completa.

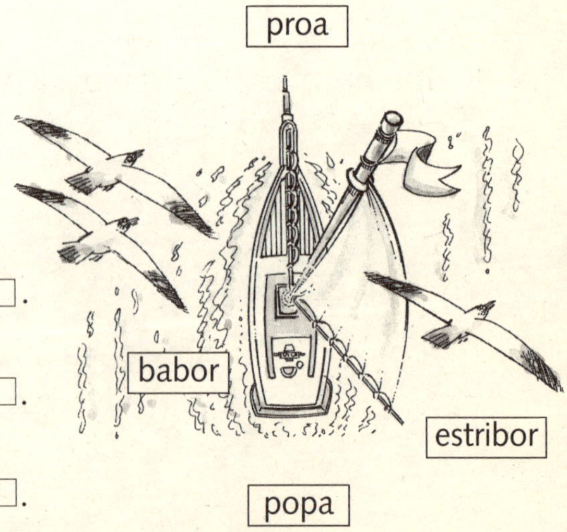

- Proa significa delante.
- Po______ significa ______.
- Babor significa izquierda.
- Es______ ______.

¿Qué hacen?

I nventa sus nombres y completa.

- El niño se llama ______.

______ iza la ve______ del ______.

- La niña se llama ______.

______ dirige el ______ con el ______.

- El viento ______.

¿Dónde están?

C ompleta.

- El niño está en la proa del ______.
- La niña está en la ______ del ______.
- Hay gaviotas a est______.
- Hay un delfín a______.

¡Cuántos sitios bonitos!

Lee y completa.

A Ramón le gusta mucho viajar.
Hoy está mirando un mapa
de España y piensa...

- Si viajara por el País Vasco,
  vería ____________________
  ____

- Si ____________ por Cataluña,
  ____
  ____

- Si ____________ por Galicia,
  ____
  ____

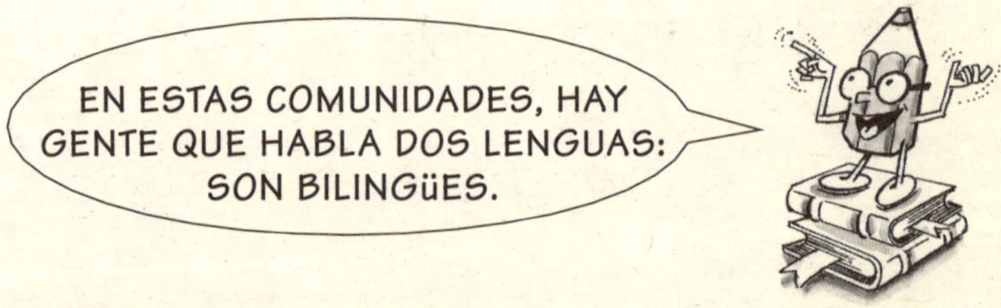

¿A dónde viajarías tú?

____

Copia.

bilingüe vergüenza piragüista

paragüero desagüe lengüeta

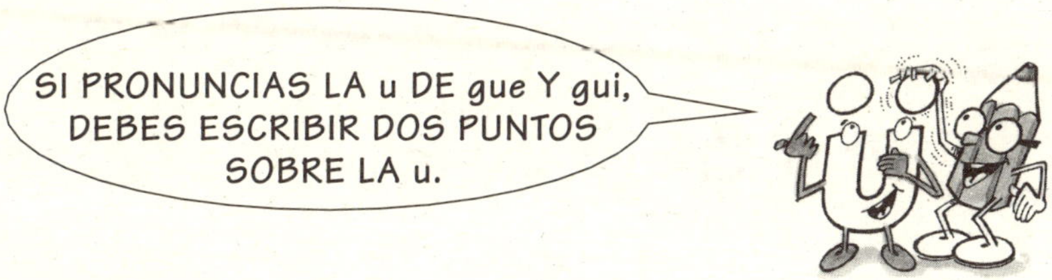

Une y forma oraciones.

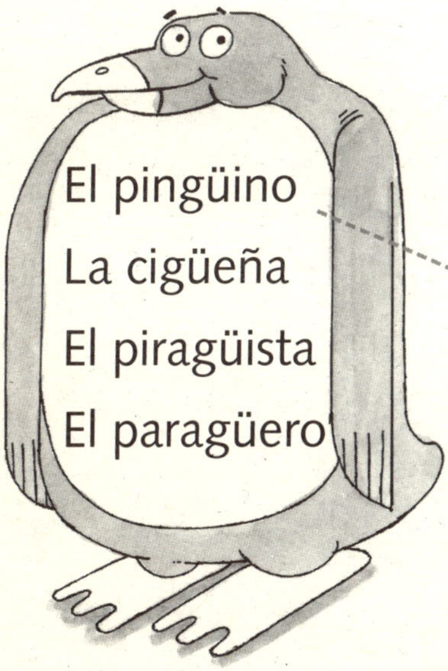

El pingüino
La cigüeña
El piragüista
El paragüero

tiene
navega
es
vive

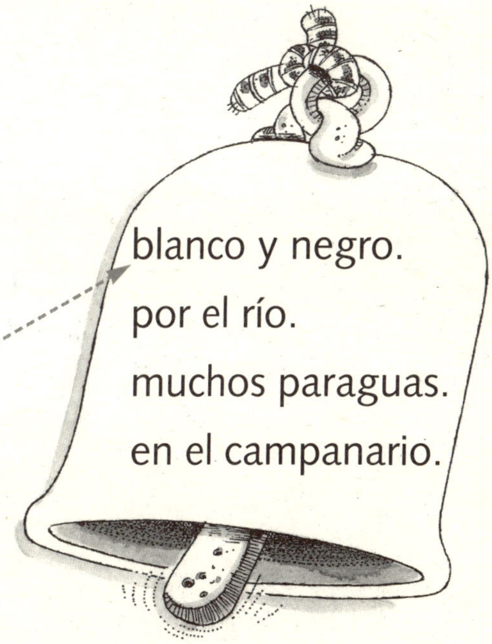

blanco y negro.
por el río.
muchos paraguas.
en el campanario.

Ahora escríbelas.

1

2

3

4

Chanclas de cartulina

Lee.

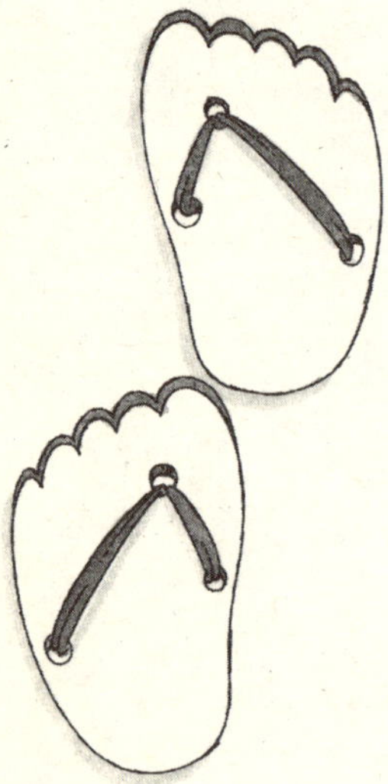

1. Primero, se pone el pie derecho sobre una cartulina y se dibuja el contorno.
2. Luego, se recorta el pie dibujado.
3. Después, se hacen tres agujeros.
4. Por último, se atan por los agujeros dos cintas de colores.

Ahora escribe las instrucciones para el pie izquierdo.

1 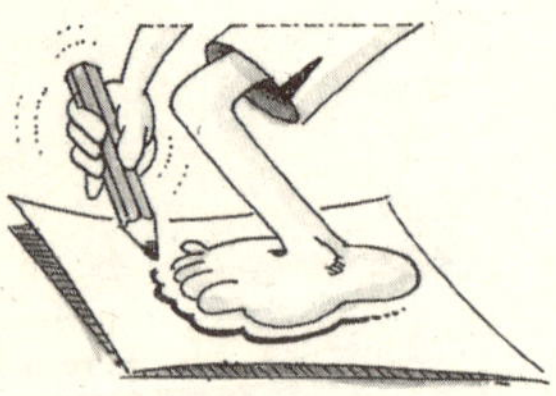

Primero, se pone el pie ______________________

____

____

2 

Luego, se recorta ____________________________

____

3 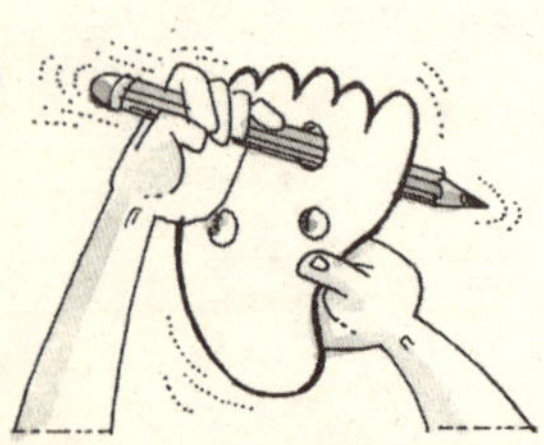

Después, se __________________________________

____

4 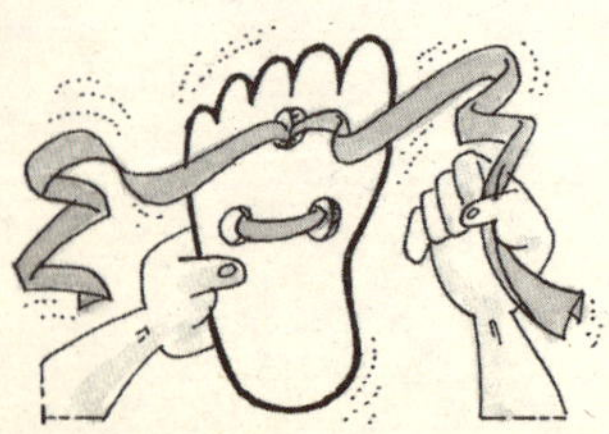

Por último, __________________________________

____

C opia lo que dicen.

- Averigüe

R epasa y lee.

monolingüe	bilingüe	plurilingüe
↓	↓	↓
Habla una lengua.	Habla dos lenguas.	Habla muchas lenguas.

Completa con estas palabras.

- mono

Lee.

Trabalenguas

Cuando las gotas de agua
formen un aguacero,
saca el paraguas
del paragüero.

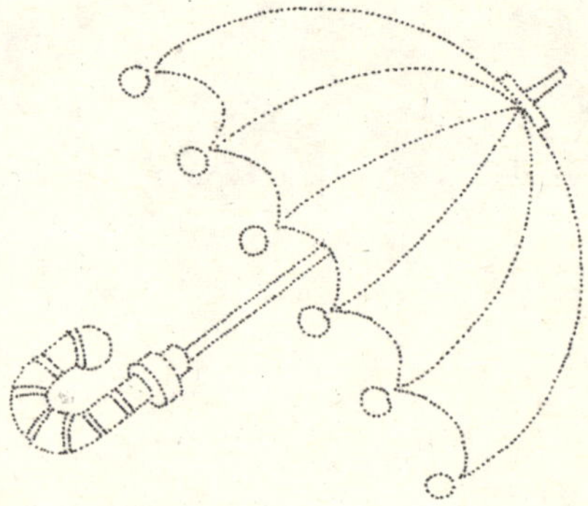

Fíjate en los dibujos y completa.

Si tú estás como una ____________

y yo estoy como una ____________,

los dos estamos como un ____________

y nos falta un ____________.

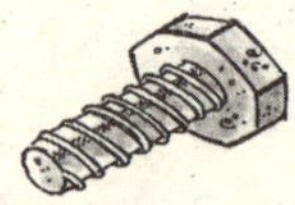

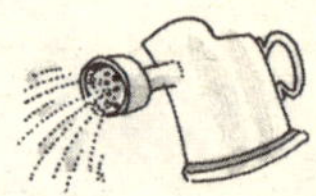

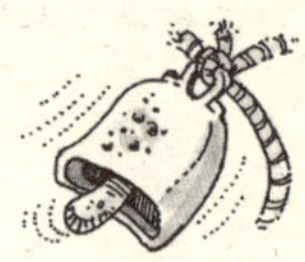

Repite la última palabra.

Chiste

Mi tablón de anuncios

Dibujo peces de color rojo.

Dibujo pirañas.

Invento nombres de piratas.

Completo palabras que enfadan y me invento otra.

¡M__RLUZ__!

¡P__RCE__E!

Mis Rótulos

Repasa y colorea.

La casa del abecedario

Lee y escribe sus nombres.

y yegua yerba yodo Y

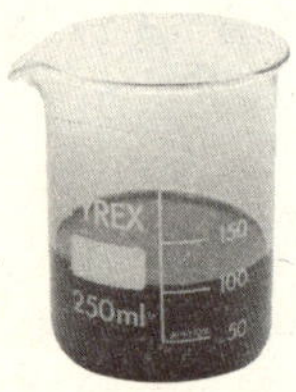

z zanco zarzamora zueco Z

¿Qué es?

Lee con atención y une.

yegua

yerba

yodo

zapato de madera	fruto de la zarza
producto para desinfectar	hembra del caballo
hierba	palo con soporte para subirse a él

zanco

zarzamora

zueco

Rodea tres palabras y escribe lo que son.

-
-
-

Copia.

- Yepes es un pueblo castellano-manchego.

- Zamora es una capital castellano-leonesa.

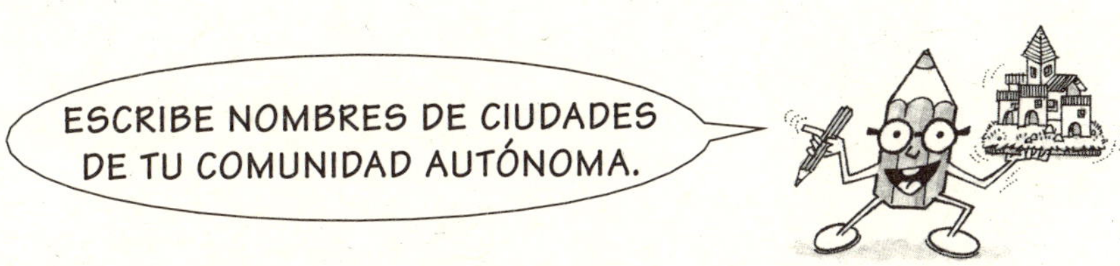

El secreto de las palabras

Observa y copia.

contrarios

gordo → delgado

gorda ______ delgada ______

simpático → antipático

simpática ______ ______

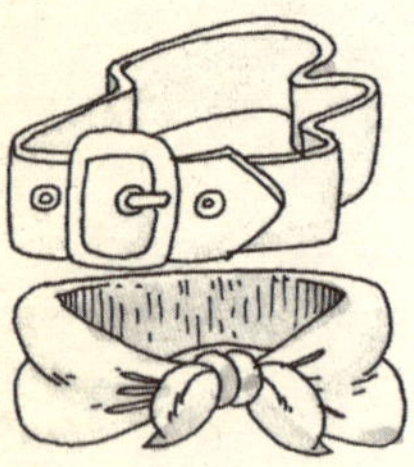

ancho → estrecho

______ ______

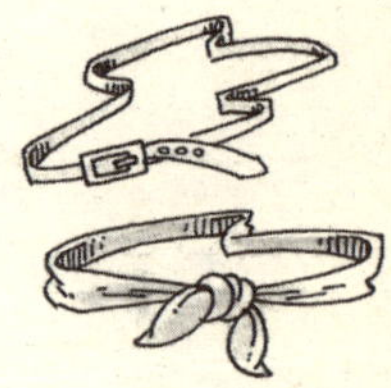

antiguo → moderno

______ ______

Completa.

alto → bajo

caro → barato

guapo → feo

- Bajo es contrario de ______
- ______ es contrario de ______
- ______

¿Cómo son?

Completa.

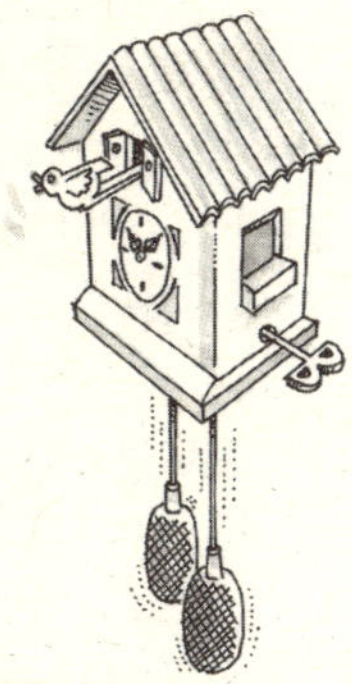

reloj de cuco

reloj digital

- El reloj de cuco es antiguo y caro. Por el contrario, el reloj ________ es moderno y ________.

Lorenza

Ulema

- Lorenza es ________ y ________. Por el contrario, ________ es ________ y ________.

Dibuja al ogro y completa.

príncipe

ogro

- El príncipe es ________ y ________. Por el contrario, el ________ es ________ y ________.

Visitamos un museo

Lee.

- Los niños y las niñas de tercero están muy contentos.

¿Quiénes?

- Ayer, a las once y media, fueron al Museo Botánico.

¿Cuándo y adónde?

- Allí vieron flores, plantas y árboles exóticos.

¿Qué vieron?

Ahora, escribe con los nuevos datos.

¿Quiénes?

- Los ____________________

____________________ tercero.

Museo de Arte

¿Cuándo y adónde?

- Hoy, a ____________________,

han ido ____________________

____

cuadros

esculturas

¿Qué han visto?

- ____________________

____

Rodea las comas y copia.

Diario de Leocadio

Martes.
Hoy en el Museo Botánico
hemos visto árboles
altísimos, palmeras,
flores y plantas medicinales.

Escribe las comas y copia.

Diario de Anastasia

Jueves.
Hoy en el Museo de Arte
hemos visto cuadros
al óleo acuarelas
dibujos y esculturas
de mármol.

¿Qué museos has visitado tú?

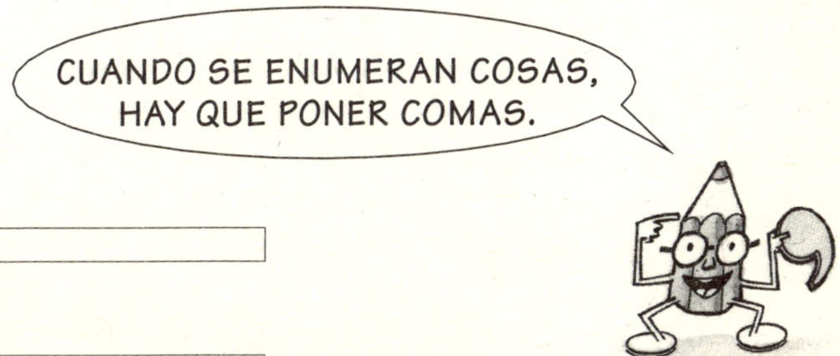

Mira con atención.

Escribe.

- A Carmen le gusta porque ______________________

- A Rodrigo __________ porque ______________________

- A Nieves __________ porque ______________________

Escribe tu opinión.

____

____

Escribe.

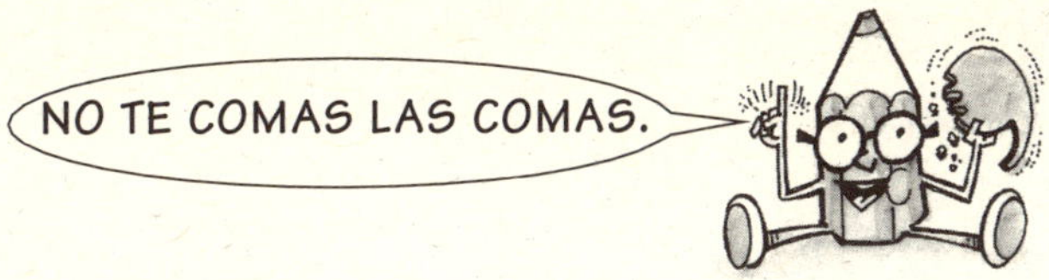

- En la frutería venden:

manzanas, peras,

- En la pollería venden:

- En la panadería venden:

Completa.

Me gustaría comprar estas chucherías:

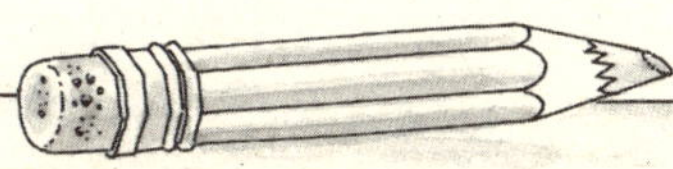

L ee y observa.

Cinco lobitos

Cinco lobitos tiene la loba
cinco lobitos detrás de la escoba.

Trabalenguas

Completa con la letra **t**.

_in_o _o_i_os
_ie_e _a _o_a,
_in_o _o_i_os
_e_rás _e _a es_o_a.

Completa con la letra que tú quieras.

_in_o _o_i_os
_ie_e _a _o_a,
_in_o _o_i_os
_e_rás _e _a es_o_a.

Dibuja los lobitos de la canción.

C uenta cuándo cantas canciones.

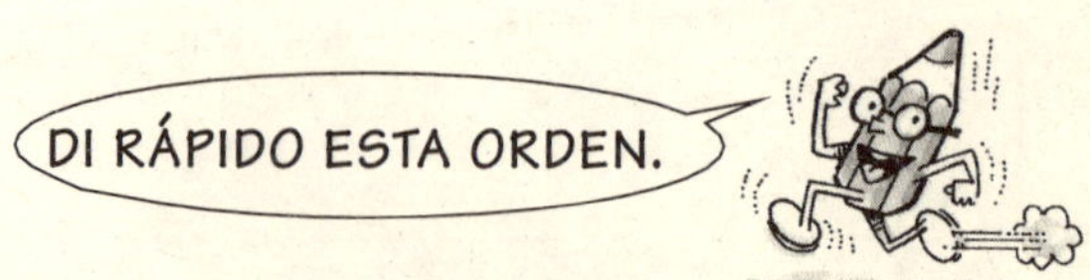

Mi tablón de anuncios

Dibujo a Mari Castaña.

Me invento la historia de Mari Castaña.

Dibujo un pastor de dinosaurios y escribo una historia.

Mis Rótulos

Repasa y colorea.

14

La casa del abecedario

Observa y escribe sus nombres.

a

b

c

d

e

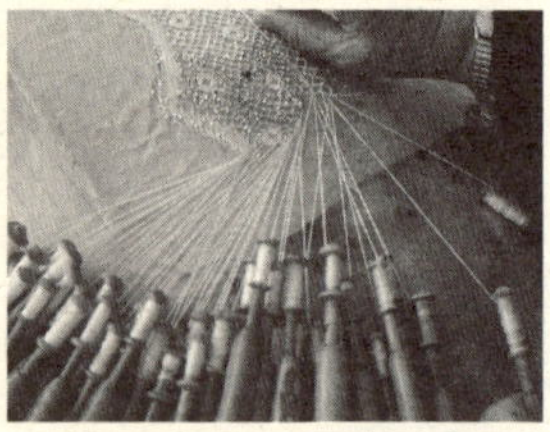

f

g

h

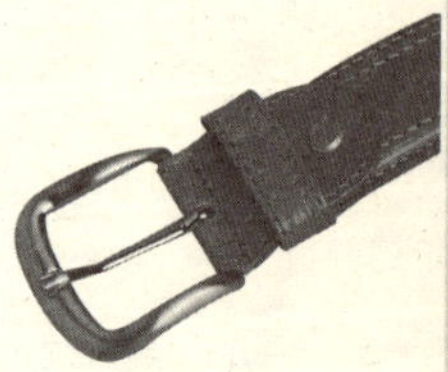

i

j

k

l

¿Qué son?

E scribe.

- El ______ es ______.
- La ______ es ______.
- ______.

E scribe palabras que empiecen por estas letras.

b ______ d ______

f ______ j ______

Contesta.

- ¿Qué letra va antes de la **b**? ______ ¿Y antes de la **d**? ______
- ¿Qué letra va antes de la **f**? ______ ¿Y antes de la **j**? ______

C opia.

- El  lo trajeron los árabes a la Península.

El almirez ______

______.

- El  lo trajeron los españoles de América.

El boniato ______

______.

El secreto de las palabras

Observa y copia.

agua

____

acuarela

____

acuario

____

esquí acuático

____

acueducto

____

Copia.

Los animales y las plantas que viven
en el agua son seres acuáticos.

____

____

Ahora, completa.

- Las algas viven en el mar.
  Son pla____________ acuá____________.

- Los tib____________ viven en el ____________.
  Son ____________.

¿Dónde están?

P iensa y completa.

taller de pintor

sala de estar

- Las acuarelas están en el ______.
- El pintor pinta con ______ y ______.
- El acuario está ______ ______.
- Los peces nadan en el ______.

¿A dónde van?

P iensa y une. Después completa.

Playa de Maspalomas

Museo del Prado

Acueducto de Segovia

pintor | turista | esquiador acuático

- El pintor va ______
- El turista ______
- ______

El viaje 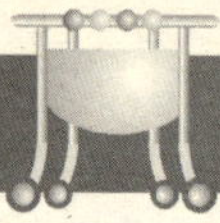 de Alba

Lee y completa.

Ayer Alba hizo un viaje
por su casa en taca-taca.

- Primero fue a la ______.
  Allí estaba su padre.

- Luego se fue al ______.
  Allí estaba su madre.

- Por último viajó al ______.
  Allí estaba su abuelo.

Repasa y escribe.

- El papá se puso muy nervioso
  porque ______
  ______

- El abuelo se puso muy contento
  porque Alba ______
  ______

Copia donde corresponde.

rojo

mediano

dulce

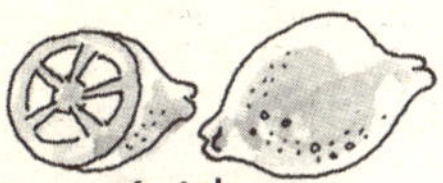
ácido

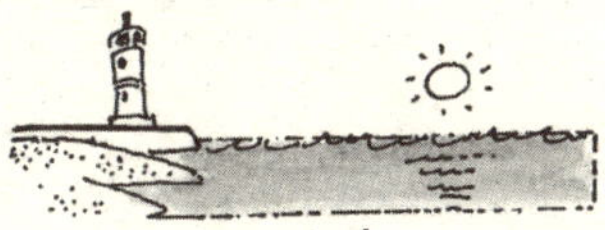
azul

grande

colores ______________ y ______________

sabores ______________ y ______________

tamaños ______________ y ______________

Rodea los dos puntos.

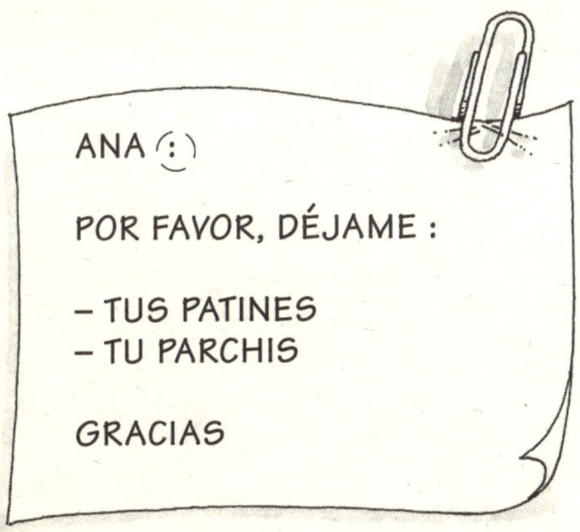

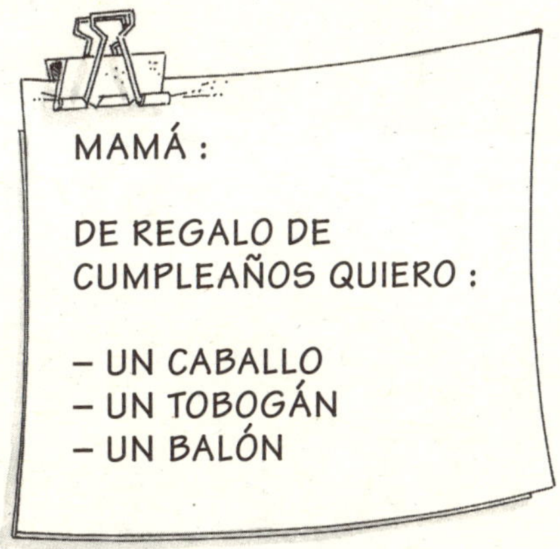

Ahora, escribe dos notas a quien quieras.

El parque del barrio

Observa y lee.

Completa.

Querido Señor Alcalde:

Somos unos niños que le queremos pedir lo siguiente:

- Unos bancos nuevos porque los de ahora están ____________ .

- Unos ____________ ____________ porque los de ahora ____________ ____________ .

- Unas ________________________ ________________________ .

Un abrazo.

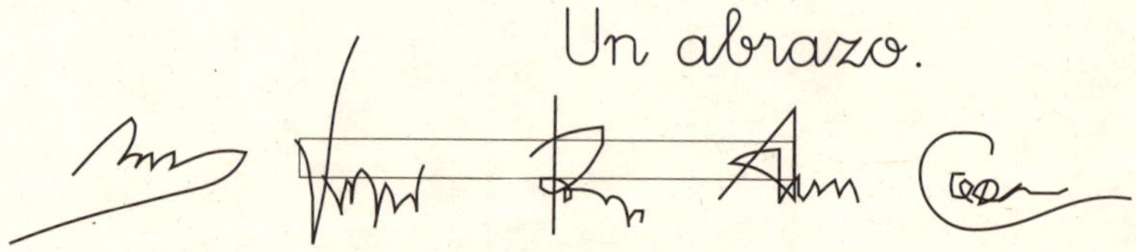

¿Qué le pedirías tú al alcalde?

____

Une y forma oraciones.

Ahora, escríbelas.

1

2

3

Escribe una nota a una profesora.

Querida

Soy

Le pido, por favor, que

Tu firma

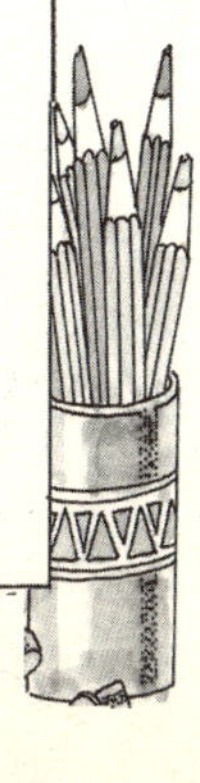

Juego con palabras y ABC letras

C ompleta.

Crucigrama

	P	E	I						
	C								

Lee y completa.

Fiesta de disfraces

Hoy en clase nos hemos disfrazado.

Una niña se ha puesto
las cosas que en el
crucigrama has escrito: ____________

____

Dice que quiere ser cantaora
y por eso tararea a todas horas.

Jeroglífico

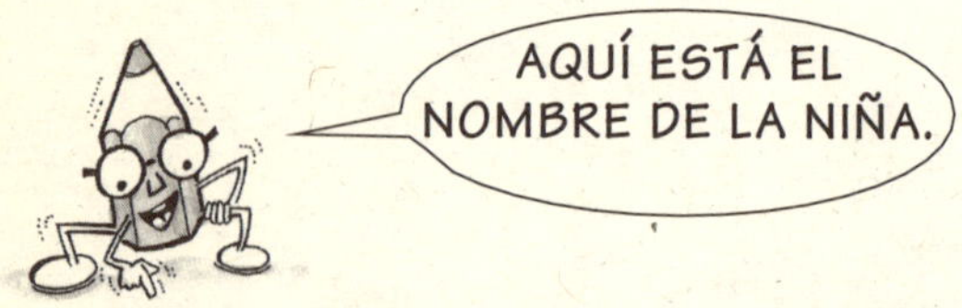

RA + 

 + A

Se llama → ______________________________

Mi tablón de anuncios

Dibujo en patinete a Pepito Grillo.

Dibujo globos de colores para viajar.

Escribo una mentira gorda sobre un viaje.

Escribo una mentirijilla sobre una excursión.

Mis Rótulos

C olorea.

15

La casa del abecedario

Observa y escribe sus nombres.

TODOS HAN APARECIDO EN UNIDADES ANTERIORES.

m

n

ñ

o

p

q

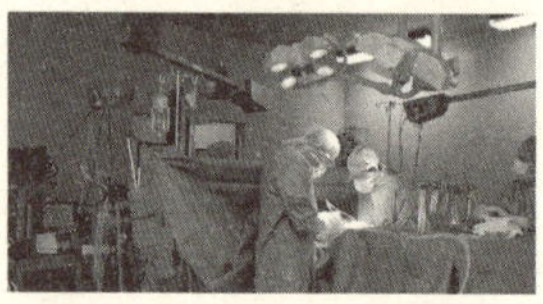

r

s

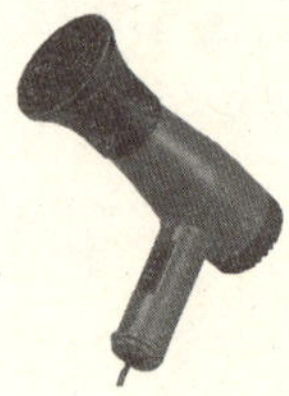

t

u

v

x

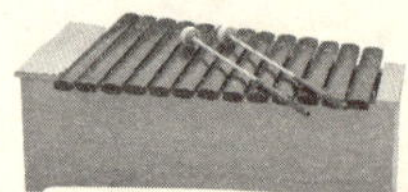

y

z

POR x SIEMPRE LA MISMA PALABRA.

¿Qué son?

Escribe nombres de la página anterior.

embarcaciones ______________________

aparatos ______________________

Escribe palabras que empiecen por estas letras.

m ____________ r ____________

s ____________ t ____________

Contesta.

- ¿Qué letra va después de la **m**? ______ ¿Y después de la **ñ**? ______
- ¿Qué letra va después de la **r**? ______ ¿Y antes de la **u**? ______

Dibuja.

tren AVE | barco velero

Escribe a dónde te gustaría ir.

en tren ______________________

en barco ______________________

El secreto de las palabras

Escribe cómo se llaman.

ordenador - computador

- Se llama ordenador
  y también computador.

televisor - televisión

- ______
  ______

magnetófono - grabadora

- ______
  ______

Une.

bastón	gafas	audífono
anteojos	sonotone	garrota

Ahora, completa.

- El bastón se llama también ______.
- Las gafas se llaman también ______.
- El audífono se llama también ______.

¿Qué hacen?

C ompleta.

textos e imágenes.

imágenes y sonidos

sonidos

- El ordenador o [almacena]
  y [reproduce].
- La televisión o [reproduce]
  [ ].
- La grabadora o [ ]
  [almacena] y [reproduce].

¿Para qué sirven?

andar

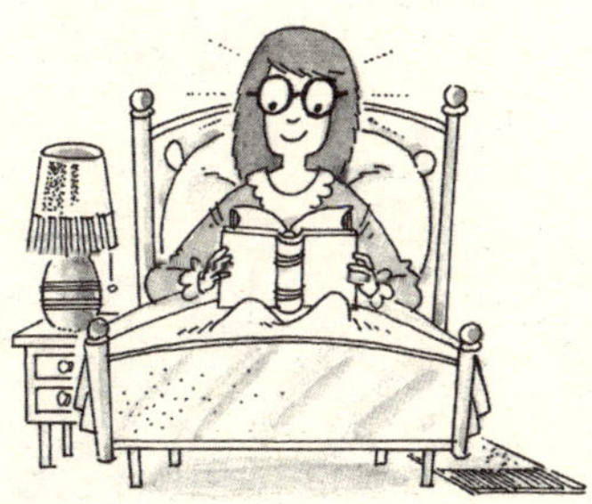

ver

oír

- La garrota o [ ] sirve para [andar] mejor.
- El sonotone o [ ] sirve para [ ] mejor.
- Los anteojos o [ ] sirven para [ ] mejor.

El concurso del colegio

Lee y completa.

Pepa está muy contenta porque ha ganado una flauta en el concurso de canciones. Todo el colegio hace comentarios.

- El director dice que ______

  El pelota de la clase dice que ______

- Su profesora dice que ______

  El mejor amigo de Pepa dice que ______

- Un niño dice que la canción ______

  Y una niña dice que ______

¿Qué premio te gustaría ganar en un concurso?

______

C ompleta.

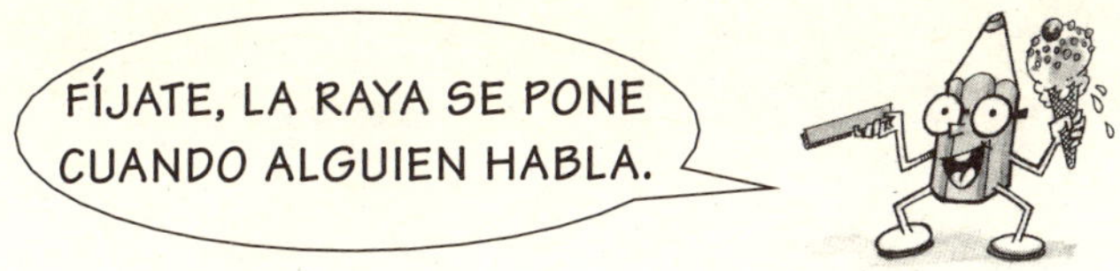

- El papá pregunta:

  – ______________________________ .

  La niña responde:

  – ______________________________ .

- El niño pregunta:

  – ______________________________

  ______________________ .

  La profesora contesta:

  – ______________________________ .

- El niño pregunta:

  – ______________________________ .

  La señora contesta:

  – ______________________________ .

Inventa, dibuja y escribe.

- ______________________ pregunta:

  – ______________________________ .

  ______________________ responde:

  – ______________________________ .

La corona del rey

Lee, repasa y completa.

Érase una vez un rey
que había estado mucho
tiempo lejos de su reino.
Cuando volvió,
no podía reconocer
a su hijo.

Tres chicos decían que
ellos eran el príncipe.
El rey, para saber quién
decía la verdad, hizo
una prueba con su
corona.

- El rey supo que el primer chico mentía porque la corona le quedaba ____________________

- El rey supo que el segundo ____________________ porque ____________________

- El rey ____________________

Une.

A MÍ TAMBIÉN.

QUE ME HE ROTO UN ALA.

ME GUSTA EL PESCADO.

¿QUÉ TE HA PASADO?

Ahora, escribe quién lo dice.

- El gato blanco dice: – Me gusta el pescado.
- ________ negro ________ – A mí también.
- El pájaro ________ – ¿Qué te ha pasado?
- ________ – Que me he roto un ala.

Repasa y completa.

– ¿Quieres una ________ ?

– No, gracias, me duele una ________ .

– ¿Damos un paseo cerca del ________ ?

– Es que me duelen los ________ .

– ¿Escuchamos ________ ?

– Es que me duele la ________ .

Doña Sordeta

La abuela de Lola está muy sorda.
Las cosas que dice la gente,
las entiende diferente.

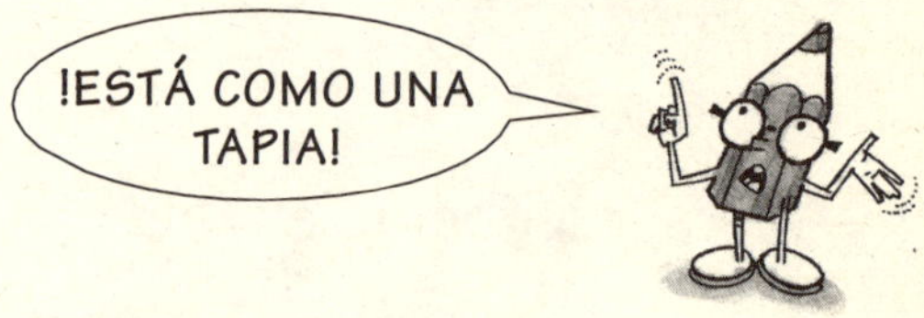

Copia quitando la primera letra.

¡QUÉ río !

¡QUÉ ____________ !

¡QUÉ ____________ !

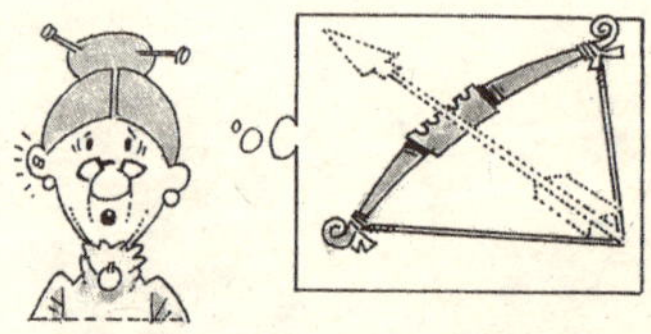

¡QUÉ ____________ !

D escubre las letras ocultas.

Letras

____

____

____

Mi tablón de anuncios

Dibujo una tienda de campaña.

Dibujo un polo de menta y otro de fresa.

Pido un deseo para el verano.

Escribiré postales a:

Mis Rótulos

Repasa y colorea.

ABECEDARIO

1 ¿Qué son?

T

producto alimenticio

Y

hembra del caballo

V

barco de vela

Z

zapato de madera

- El ______ es ______
- La ______ es ______
- El ______ es ______
- El ______ es ______

ORTOGRAFÍA

2 **Escribe una oración sobre cada dibujo.**

- ______

- ______

- ______

3 Escribe lo que dicen.

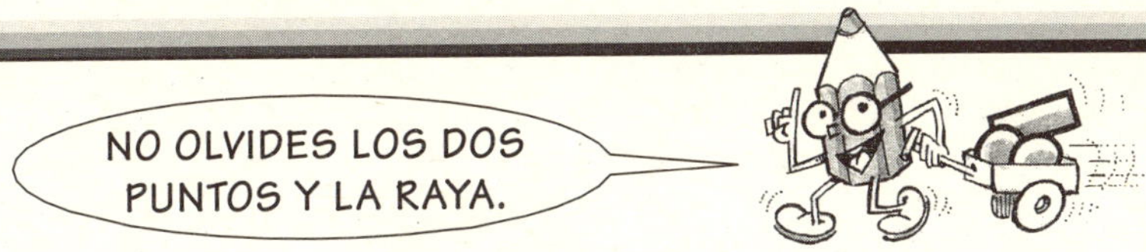

Niña ______________________

Niño ______________________

Niña ______________________

Guardia ______________________

COMPOSICIÓN

4 Completa e inventa el final.

Del miedo a la risa

- Le da ______________ porque el perro ______________

- Le da ______________ porque el gusano ______________

- Les da ______________ el tebeo ______________